أحْلام صامْتة

كتبِتْها نورْهان سابِق

Silent Dreams

Egyptian Arabic Reader – Book 7

by Nourhan Sabek

lingualism

ISBN: 978-1-949650-16-7

Written by Nourhan Sabek

Edited by Matthew Aldrich

Cover art by Duc-Minh Vu

Audio by Heba Salah Ali

website: www.lingualism.com

email: contact@lingualism.com

Introduction

The **Egyptian Arabic Readers** series aims to provide learners with much-needed exposure to authentic language. The books in the series are at a similar level (B1-B2) and can be read in any order. The stories are a fun and flexible tool for building vocabulary, improving language skills, and developing overall fluency.

The main text is presented on even-numbered pages with tashkeel (diacritics) to aid in reading, while parallel English translations on odd-numbered pages are there to help you better understand new words and idioms. A second version of the text is given at the back of the book, without the distraction of tashkeel and translations, for those who are up to the challenge.

New to this edition: the English translations have been revised for improved clarity and accuracy. Each story now also includes **20 comprehension questions** with example answers to help reinforce your understanding of the text. A **sequencing exercise** is provided as well, where you'll put ten key events from the story back in their correct order. These additions make the book even more useful for self-study, classroom use, or group discussions.

Visit www.lingualism.com/audio, to stream or download the free accompanying audio.

This book is also available in Modern Standard Arabic at www.lingualism.com/msar.

أحْلام صامْتة

مِن سنتينْ:

"علي، إنْتَ هتِنْزِل؟"

أه يا ماما، ما إنْتي عارْفة فيه حفْلة و هروح أعْزِف فيها."

"أَيْوَه بسّ الجوّ صعْب[1] و الواضِح المطرة هتْكون جامْدة. بلاش تِسوق في الجوّ ده."

"ماما إنْتي عارْفة لازِم أروح الحفْلة. مَيِنْفعْش مروحْش."

"يابْني بسّ..."

"ماما متِقْلقيش. كُلّ حاجة هتْكون تمام إنّ شاء اللّه."

"طيِّب، إنْتَ مُصْمِم هعْمِلّك أيْه؟ ربِّنا يِكْرمك و يَسّرْلك طريقك."

"ربِّنا يِخلّيكي لِيّا يا أحْلى أُمّ في الدُّنْيا!"

علي باس إيد مامْتُه و نزِل، رِكِب العربية و مِشي. الجوّ برْد جِدّاً. بدأِت تمِطّر جامِد و بدأِت عاصِفة تِهِبّ و الدُّنْيا بِاللّيْل حَوالي السّاعة سِتّة لكِن كانِت الدُّنْيا كإنّها نُصّ اللّيْل.

Two years ago:

"Ali, are you going out?"

"Yeah, Mom, you know there's a concert and I'm going to play at it."

"Yeah, but the weather's bad and it looks like the rain's going to be heavy. Don't drive in this weather."

"Mom, you know I have to go to the concert. I can't not go."

"But son…"

"Don't worry, Mom. Everything will be fine, God willing."

"Okay, if you insist, what can I do? May God bless you and make your way easy."

"May God keep you for me, sweetest mom in the world!"

Ali kissed his mom's hand and left, got in the car and drove off. It was very cold. It started raining hard, and a storm began to blow. It was around 6 p.m., but it felt like midnight.

---

[1] صَعْب difficult

علي بدأ يِقْلق و هُوَّ على طريق سريع. قرّر يُقف شُوَيّة لِحدّ ما يِهْدا الجوّ. شاف بنْزينة فيها مارْكِت و قرّر يُقف عنْدها لكِن و هُوَّ بِيْحاوِل يِسوق ليها المطر بقى أجْمد بِكْتير و العاصِفة شِديدة جِدّاً.

في لمْح البصر كُلُّه اِتْغير. مفيش صوْت وَلا إحْساس بِأيّ شيْء. لحْظِةْ هُدوء، لحْظة فرقِت كِتير و غيرّتِ أكْتر. هِيَّ بسّ لحْظة عربِيِّتيْن اِتْقلبوا على الطّريق و اِتْغيرّتِ حَياةْ شخْصيْن.

❖ ❖ ❖

بعْد شهر:

"يَعْني أيْه يا دُكْتور؟" الأُمّ بِتْعيّط.

"آسِف لكِن الحادْثه أثّرِت على السّمْع و سبِّبِت ضعْف."

"يَعْني إبْني مِش هَيِسْمع تاني؟"

"لِلأسف..."

"يَعْني أيْه؟ الطِّبّ مِش اِتْقدِّم و بقيْنا في عصْر فيه تِكْنولوْجِيا و عمليات مِتْقدِّمة و حاجات كِتير أحْسن مِن زمن فات؟"

"يا مدام، أنا مِقدّر[1] الحالة اللي حضْرتِك فيها بسّ دي مِش هَيِنْفع فيها عملية."

Ali started to worry while driving on the highway. He decided to stop for a bit until the weather calmed down. He saw a gas station with a market and decided to stop there, but as he tried to drive toward it, the rain got much heavier and the storm was extremely strong.

In the blink of an eye, everything changed. No sound, no feeling of anything. A moment of silence, a moment that made a big difference and changed even more. It was just one moment—two cars flipped on the road and the lives of two people changed.

❖   ❖   ❖

A month later:

"What do you mean, doctor?" the mother cried.

"I'm sorry, but the accident affected his hearing and caused impairment."

"You mean my son won't be able to hear again?"

"Unfortunately..."

"What do you mean? Hasn't medicine advanced? Aren't we living in an age of technology, advanced surgeries, and things way better than in the past?"

"Ma'am, I understand the situation you're in, but this isn't something surgery can fix."

---

[1] مِقدّر appreciating

"مفيش حاجة إسْمها مَيِنْفعْش، أرْجوك يا دُكْتور شوف حلّ، اِتْصرّف!"

مقِدْرِتْش تمِسْك أعصابْها و نفْسها و وِقْعِت على الأرْض و أُغْمى عليْها. الدُّكْتور أخدْها و فوّقْها و إدّاها مُهدِّئ عشان تِهْدا و تِسْتَوْعِب اللي حصل.

❖ ❖ ❖

اليوْم اللي بعْدُه:

علي خرج مِن المُسْتشْفى معَ مامْتُه و شايِف دُموع مامْتُه لكِن مِش قادِر يِتْكلِّم وَلا يِواسيها لإِنُّه مِش قادِر يِسْمعْها وَلا يِسْمع صوْتُه. لحْظة غيّرِت كُلّ حاجة في حَياتُه و حَياةْ مامْتُه.

❖ ❖ ❖

بعْد تلات شُهور:

علي بقى بِيِعْرف يِتْكلِّم لُغِةْ الإشارة بعْد ما مامْتُه قرّرْت تِتْعلِّم هِيَّ و هُوَّ، و قرّرْت إنّ مَيِنْفعْش تِضْعف عشان لازِم تِقوّي إبْنها و تِخلّيه يِكمِّل حَياتُه طبيعي.

"ماما، أنا مبقيْتْش طبيعي!"

[2:35]

"There's no such thing as 'can't be fixed'—please, doctor, find a solution, do something!"

She couldn't hold herself together, collapsed to the floor, and fainted. The doctor helped her up, revived her, and gave her a sedative to calm down and process what had happened.

❖ ❖ ❖

The next day:

Ali left the hospital with his mom, seeing the tears in her eyes, but unable to speak or comfort her—because he couldn't hear her or even hear himself. A moment had changed everything in his life and his mother's life.

❖ ❖ ❖

Three months later:

Ali had learned to use sign language after his mother decided that both she and he would learn it, and she decided she couldn't let herself break down because she had to be strong for her son and help him live his life normally.

"Mom, I'm not normal anymore!"

بلُغِةْ إشارة علي بيْحاوِل يِفْهم مامْته إنُّه مبقاش ينْفع يكمِّل حَياتُه. و هَيْكمِّلْها إزّاي و هُوَّ مبقاش بيِعْمِل أكْتر حاجة بيْحِبّها في حَياتُه و هِيَّ عزف البِيانو؟ علي مِن هُوَّ صُغيرّ و البِيانو مِش بيْفارْقُه. الموسيقى حَياتُه و عِشْقُه. لكِن بعْد ما بقى مِش بيِسْمع فقد الأمل في كُلّ شيْء و فقد الثِّقة في نفْسُه و حَياتُه.

الأُمّ بتْحاوِل تخلّيه يِقوم مِن الاكْتِآب اللي دخل فيه و بِتْحاوِل تِلاقي أيّ حاجة يِعْمِلّها عشان ترجّعْله حَياتُه.

"لأ هتبْقى طبيعي و أحْسن كمان."

علي دخل أوْضْتُه و قفل الباب على نفْسُه و فتح الموبايْل بتاعُه. دخل على الموسيقى و فتح واحْدة. مِش سامِع حاجة و بِيْعيّط. حطّ السّمّاعات في وِدْنُه لكِن مفيش حاجة وَلا صوْت. شال السّمّاعات مِن وِدانُه و شالْها مِن الموبايْل و ساب الأُغْنية شغّالة و حطّ الموبايْل على المكْتب. و مُجرّد ما حطّ إيدُه على المكْتب بدأ يِحِسّ بِحاجة غريبة. حاجة مِن الموبايْل لإيدُه لِعقْلُه و حَواسُّه. قفل الأُغْنية و حطّ إيدُه، محسِّش بِحاجة. فتحْها تاني و حطّ إيدُه، رِجِع الإحْساس!

[3:43]

In sign language, Ali tried to make his mother understand that he couldn't go on with his life. How could he, when he could no longer do the thing he loved most—playing the piano? Ever since he was little, the piano had been his constant companion. Music was his life and his passion. But after he lost his hearing, he lost hope in everything—he lost confidence in himself and in life.

His mother tried to get him out of the depression he had fallen into and looked for anything he could do to bring his life back.

"No, you will be normal—and even better."

Ali went into his room, closed the door, and opened his phone. He went to his music and played a song. He couldn't hear anything and started crying. He put the headphones in his ears, but there was nothing—no sound. He took the headphones off and unplugged them from the phone, leaving the song playing, and placed the phone on the desk. The moment he put his hand on the desk, he felt something strange—something from the phone, to his hand, to his mind, to his senses. He stopped the song and put his hand down—he felt nothing. He played it again and put his hand down—the feeling came back!

إحْساس غريب... و كإنّ الأُغْنية عايْزة تِوْصلُّه و كإنُّه شايِف الموسيقى قُدّامُه. مِش سامِعْها لكِن شايِفْها. بدأ يِعْزِف و يِتْعلِّم و يِقْرا لِحدّ ما عِرِف طريقة يِتْواصِل بيها معَ الموسيقى عشان يِرْجع يِعْزِف.

تِفوت الأيّام و الشُّهور و مامْتُه بدأِت تِفْرح لإنّ إبْنها بتِرْجعْلُه حَياتُه و إنُّه رِجِع يِضْحك و يِتْعامِل معَ الوَضْع على إنُّه وَضْع طبيعي... و الكلام بِلُغِةْ الإشارة كإنُّه كلام عادي و مسْموع.

❖ ❖ ❖

الوَقْت الحالي:

"رِجِعْت بدْري ليْه يا علي؟"

علي قعد على الكُرْسي و فِضِل ساكِت شُوَيّة.

"فيه أيْه يا علي؟"

"مرِضْيوش يِدخّلوني."

"ليْه؟"

"عشان مبسْمعْش فا إزّاي هعْزِف؟"

"مِش المفْروض كانوا سِمْعوك الأوِّل قبْل ما يُحْكُموا؟!"

"ده إنْتي بسّ يا ماما اللي بِتْقولي كِده، بسّ الدُّنْيا برّه بِتُحْكُم على طول."

[5:25]

A strange feeling… as if the song was trying to reach him, as if he could see the music in front of him. He couldn't hear it, but he could see it. He started to play again, to study, to read, until he discovered a way to connect with music and return to playing.

Days and months passed, and his mother began to feel happy because her son was getting his life back, laughing again, and treating his condition as something normal… and sign language felt like regular, spoken speech.

❖　❖　❖

Present time:

"Why are you back early, Ali?"

Ali sat on the chair and stayed quiet for a moment.

"What's wrong, Ali?"

"They didn't let me in."

"Why?"

"Because I can't hear—so how can I play?"

"Weren't they supposed to hear you first before judging?!"

"You're the only one who says that, Mom. But the world outside judges right away."

"أَيْوَه بسّ إنْتَ بِتِعْزِف حِلْو أوي!"

علي اِبْتسم و قام باس راس مامْتُه و دخل أوْضْتُه. مِن يوْم لمّا بدأ يِرْجع يِعْزِف و هُوَّ بِيْحاوِل يِنْزِل يِعْزِف في حفلات و يِحاوِل يِخلّي النّاس تِفْهم إنُّه لِسّه بِيِعْزِف لكِن النّاس حُكْمها كان أسْرع مِن قبْل ما تِسْمع و تِشوف.

اللي فات كان حِكايَة و اللي جايّ حِكايَة تانْيَة. حِكايَة بِتُحْكُم على راجِل بِإنُّه يِفْضل مُعاق عشان النّاس رافْضين. إزّاي واحِد مِش بِيِسْمع بِيِعْرف يِعْزِف و يِعْمِل موسيقى؟ إزّاي يِدّوله فُرْصة و المفْروض السّمْع أهمّ حاجة في الموسيقى؟

مفيش حدّ وِقِف جنْبُه إلّا مامْتُه و صديقِةْ عُمْرُه.

الجرس بيِرِنّ. الأُمّ قامِت تِفْتح الباب.

"أسيل، إزّيِّك؟"

"أنا تمام يا طنْط[1] و حضْرِتِك؟"

"تمام الحمْدُ لِلّه. عايْزة علي؟"

"أه، جيت عشان أشوفُه و أعْرف عمل أيْه في التّقْديم."

"هُوَّ جِهْ مِن ساعة."

"ساعة؟! ليْه؟"

[6:45]

"But you play beautifully!"

Ali smiled, kissed his mother's head, and went into his room. Since he started playing again, he'd been trying to perform at concerts, trying to make people understand that he still played—but people were quicker to judge than to listen and see.

What's past was one story, and what's coming is another. A story that condemns a man to stay disabled because people refuse to accept him. How can someone who can't hear play music and create it? How can they give him a chance when hearing is supposed to be the most important thing in music?

No one stood by him except his mother and his lifelong friend.

The doorbell rang. The mother got up to answer the door.

"Aseel, how are you?"

"I'm good, Auntie, and how are you?"

"I'm fine, thank God. Are you here to see Ali?"

"Yeah, I came to see him and find out how his audition went."

"He came back an hour ago."

"An hour?! Why?"

------

[1] طَنْط (from the French tante) is a polite form of address to a female acquaintance a generation older, such as a friend's mother.

"مقِبْلوش يِدخّلوه!"

"إزّاي يَعْني؟"

"عشان مِش بيِسْمع..."

"مِش يِسْمعوه هُمّا الأوِّل قبْل ما يُحْكُموا عليْه؟"

"نفْس اللي قُلْتُه يا بِنْتي بسّ علي ردّ بِإنّ ده الطّبيعي عشان السّمْع أهمّ حاجة في الموسيقى."

"مُمْكِن تِقوليلُه إنيّ جيت يا طنْط؟ عايْزة أتْكلِّم معاه."

أسيل اِتْعلِّمِت لُغِةْ الاإشارة هِيَّ كمان. تِعْرف علي مِن هُمّا في حضانة. معَ بعْض مِن ساعِتْها أصْحاب جِدّاً و بِيْحِبّوا بعْض أوي. أسيل بِتْحِبّ علي لكِن وَلا مرّة فكّرِت تِقولُّه و لمّا حصلِت الحادْثة وِقْفِت معَ مامْتُه و اِتْعلِّمِت لُغِةْ الإشارة و ساعْدِتُه لمّا عِرْفِت إنُّه عايِز يِرْجع لِلعزْف. و صدّقِت إنُّه يِقْدر يِرْجع لِلعزْف و إنُّه في يوْم هَيْكون عازِف[1] مشْهور زيّ ما هُوَّ بيِحْلم.

علي خرج مِن الأوْضة و لمّا شاف أسيل جِري عليْها زيّ الطِّفْل، هُوَّ كمان بِيْحِبّها بسّ برْضُه خايِف يِقولّها عشان مَيِخْسرْش صداقِتْها.

"عامِل أيْه يا علي؟"

[8:13]

"They didn't let him in!"

"What do you mean?!"

"Because he can't hear…"

"Shouldn't they have listened to him first before judging him?"

"That's exactly what I said, dear. But Ali responded by saying that's normal because hearing is the most important thing in music."

"Could you tell him I came, Auntie? I want to talk to him."

Aseel had learned sign language too. She's known Ali since they were in preschool. They've been very close friends ever since, and they really love each other. Aseel loves Ali, but she never once thought to tell him. When the accident happened, she stood by his mother and learned sign language, helping him when she found out he wanted to go back to playing. She believed he could return to music and that one day he would be a famous musician, just like he dreams.

Ali came out of his room, and when he saw Aseel, he ran to her like a child. He loves her too, but he's also afraid to tell her so he doesn't lose her friendship.

"How are you, Ali?"

---

[1] عازِف music player, from the verb عزف (يِعْزِف) to play (a musical instrument)

“كُوَيِّس الحمْدُ لِلّه و إنْتي؟”

“تمام الحمْدُ لِلّه. طنْط حكِتْلي اللي حصل.”

علي ضِحِك: “طبْعاً هِيَّ تِقْدر تِسْتنّى لمّا أحْكي أنا؟”

أسيل و مامْتُه ضِحْكوا.

“هقوم أعْمِلُّكو حاجة تِشْربوها. و يا ريْت يا أسيل تِسْتنّي لإِنّ الغدا بِيِخْلص.” الأُمّ قامِت قبْل ما أسيل تِقْدر ترُدّ.

“علي...” أسيل اِتْكلِّمِت بِلُغِةْ الإشارة.

علي بصّ لِأسيل.

“فيه عرْض في الأوْبِرا و بِيْدوّروا على مَواهِب جِديدة!”

“الأوْبِرا يا أسيل؟ صعْب!”

“ليْه بسّ؟”

“الأوْبِرا دي أقْوى حاجة في العالم و في مصْر. عشان أعْزِف فيها لازِم أعدّي الاِخْتِبارات و يوافْقوا. هُمّا مِش هَيْدخّلوني مِن الباب أصْلاً مُجرّد ما يِعْرفوا إنّي مبسْمعْش.”

“اِفْهمْني بسّ، سيبْني أكمِّلك. العرْض ده بِيِتْجهِّزْله بقالُه شُهور و مِحْتاجين مُواهِب جِديدة. أنا هدخّلك لِأنُّهُم قِبْلوني.”

[9:38]

"Good, thank God. And you?"

"I'm fine, thank God. Auntie told me what happened."

Ali laughed, "Of course, she can't wait for me to tell it myself?"

Aseel and his mom laughed.

"I'll go make you something to drink. And Aseel, please stay—lunch is almost ready." His mom got up before Aseel could reply.

"Ali..." Aseel signed.

Ali looked at Aseel.

"There's an audition at the Opera, and they're looking for new talent!"

"The Opera, Aseel? That's too hard!"

"Why though?"

"The Opera is the biggest deal in the world—and in Egypt. To play there, I'd have to pass auditions and get accepted. They won't even let me through the door once they find out I can't hear."

"Just hear me out—let me finish. They've been preparing this show for months and are looking for new talents. I'll get you in—because they accepted me."

أسيل بِتِعْزِف على آلةْ التْشيْلو و دخلِت معْهد الموسيقى معَ علي.

"مبْروك يا أسيل."

"ها... أيْه رأْيَك؟"

"صعْب أوي يا أسيل!"

"صعْب بسّ مِش مُسْتحيل يا علي."

"إزّاي هتْخلّيهُم يِسْمعوني؟ إزّاي؟"

"سيبْها عليّا دي. المُهِمّ أتمْرّن كُويِّس و كُلّ حاجة هتبْقى تمام إنّ شاء اللّه."

الأُمّ خرجِت بِصِنية عليْها قهْوَة إسْپْرْيْسو دُبل بِاللّبن زيّ ما بِيْحِبّوها علي و أسيل. "اِتْفضّلوا القهْوَة."

أسيل أخدِت كوبّايِتْها. تِسْلم إيدِك يا طنْط، أحْلى إسْپْرْيْسو!"

"هتِتْغدّي معانا؟"

"خلّيها مرّة تانْيَة يا طنْط."

"مَيِنْفعْش، لازِم تِتْغدّي."

علي بصّ لِأسيل و طلب مِنْها تُقْعُد تِتْغدّى معاهُم.

Aseel plays the cello and studied at the music conservatory with Ali.

"Congratulations, Aseel."

"So... what do you think?"

"It's really hard, Aseel!"

"Hard, but not impossible, Ali."

"How will you make them hear me? How?"

"Leave that to me. What matters is that you practice well, and everything will be fine, God willing."

Ali's mother came out with a tray holding double-shot espresso with milk—just how Ali and Aseel like it. "Here's your coffee."

Aseel took her cup. "Bless your hands, Auntie! This is the best espresso!"

"Will you stay for lunch with us?"

"Let's do it another time, Auntie."

"No way, you have to stay for lunch."

Ali looked at Aseel and asked her to stay and have lunch with them.

"حتّى علي بِيْقولِّك تِتْغدّي معانا."

"تمام خلاص، هتِّصِل بيهُم في البيْت عشان أعرّفْهُم إنّي هتْأخّر."

"تمام و سلِّميلي على بابا و ماما."

"حاضِر يا طنْط، يِوْصل."

بعْد الغدا أسيل مِشْيِت و علي دخل أوْضْتُه و بدأ يِدوّر و يِقْرا عن العرْض اللي أسيل قالِتْلُه عليْه، شاف إنّ دي فُرْصة كُوَيِّسة ليْه لكِن فِضِل السُّؤال يِدوّر في راسُه: هَيِقْبلوا يِسْمعوه وَلّا هَيرْفُضوه زيّ اللي قبْلُهُم؟

❖ ❖ ❖

بعْد يوْمينْ:

"أسيل إنْتي مُتْأكِّدة هَيِسْمعوا عزْفي؟"

"أَيْوَه يا علي، المُهِمّ ركِّز و أعْزِف حِلْو."

إنّك تِكون مبْتِسْمعْش و بِتْحِبّ الموسيقى حاجة و إنّك متِسْمعْش و تِعْزِف حاجة تانْيَة خالِص. أسيل عِرْفِت عن العرْض مِن الأوْپِرا و الإنْترْنِت و قرّرِت تِقدِّم فيه. فِضْلِت مِتْردِّدة فتْرة تِقول لِعلي وَلّا لأ لِحدّ ما قرّرِت تِقولُّه و كمان تِكلِّم واحِد مِن الحُكّام اللي هَيِسْمعوا العازْفين و كان بِيِدّيها درْس في الأوْپِرا.

[12:06]

"Even Ali says you should stay for lunch."

"Alright, fine—I'll call home to let them know I'll be late."

"Alright, and send my regards to your mom and dad."

"Will do, Auntie, I'll let them know."

After lunch, Aseel left and Ali went into his room. He started searching and reading about the concert Aseel had told him about. He saw it was a great opportunity for him, but the question kept running through his mind: would they be willing to listen to him, or would they reject him like the others?

❖ ❖ ❖

Two days later:

"Aseel, are you sure they'll listen to my playing?"

"Yes, Ali. What matters is that you focus and play well."

Not being able to hear but loving music is one thing. Not being able to hear but playing music—that's something else entirely. Aseel had learned about the concert from the Opera and online, and decided to apply. She hesitated for a while about whether to tell Ali or not, until she decided to not only tell him, but also speak to one of the judges who would be listening to the performers—her teacher at the Opera.

"إزيِّك يا أسيل؟"

"أُسْتاذ عادِل، أنا الحمْدُ لِلّه تمام و حضْرِتك؟"

"الحمْدُ لِلّه كْوَيِّس."

"أُسْتاذ عادِل فاكِر؟ أنا كلِّمْت حضْرِتك عن صديق و زميل لِيّا بِيِعْزِف بِيانو."

"أه فاكِر إنّك قُلْتيلي إنِّك مِش بِيِسْمع، صحّ؟"

أه، هُوَّ جِهْ عشان تِسْمع عزْفُه حضْرِتك و كُلّ الأساتْذة[1].

"تمام، اِدْخُلوا الصّالة و خلّيه يِسْتنّى دوْرُه."

"تمام يا أُسْتاذ، شُكْراً جِداً."

أسيل مِشْيِت و راحِت لِعلي. "علي، هنِدْخُل و نِسْتنّى دوْرك لمّا ييجي."

لمّا الدّوْر جِهْ نادوا على علي و دخل. وِقِف علي قُدّام الأساتْذة و بدأوا يِتْكلِّموا معاه. و بِرغْم إنّ أسيل قالِت للأُسْتاذ عادِل إنّ علي مِش بِيِسْمع فِضْلوا يِتْكلِّموا.

"إنْتَ مِش سامِعْنا يابْني؟" صوْت واحْدة مِن الأساتْذة.

أسيل سِمْعِتْهُم مِن وَرا السِّتار و علي حاوِل يِفهِّمْهُم إنُّه مِش بِيِسْمع و إنُّه بِيِتْكلِّم لُغةْ الإشارة.

[13:34]

"How are you, Aseel?"

"I'm fine, Mr. Adel, thank God. And you?"

"I'm good, thank God."

"Mr. Adel, remember? I talked to you about a friend and classmate of mine who plays the piano."

"Oh right, you mentioned he can't hear, right?"

"Yes, he's come for you and the rest of the professors to hear his playing."

"Alright, go into the hall and have him wait for his turn."

"Okay, thank you very much, sir."

Aseel left and went to Ali. "Ali, let's go in and wait for your turn."

When his turn came, they called for Ali and he went in. He stood in front of the professors and they started talking to him. Even though Aseel had told Mr. Adel that Ali was deaf, they kept speaking to him.

"You can't hear us, son?" said one of the professors.

Aseel overheard them from behind the curtain, and Ali tried to explain that he couldn't hear and that he communicates using sign language.

---

[1] أُسْتاذ (أَساتْذة) teacher; sir

"الواضِح إنّك أصمّ. إزّاي جايّ تِعْزِف و إنْتَ أصمّ؟"

أسيل أوِّل ما سِمْعت الأُسْتاذ عادِل بِيْقول كِده دخلِت بِسُرْعة و قالِت: "أُسْتاذ عادِل معَ اِحْتِرامي ليك و لِكُلّ الأساتْذة، أنا بلّغْت حضْرِتك إنّ علي مِش بِيِسْمع لكِن عزْفُه حِلْو جِدّاً و رائِع و طلبْت بسّ تِسْمعوه و تِدّولُه فُرْصة."

"نِسْمع أيْه؟ ده واحِد أصمّ. هَيِعْزِف إزّاي؟" صوْت نفْس الأُسْتاذة اللي اِتْكلِّمِت قبْل كِده.

"أَيْوَه يا أُسْتاذة رنا، بسّ أنا مخبّيْتْش عليْكو و إنْتو وافِقْتوا تِسْمعوه!" أسيل ردِّت.

ضِحِك الأساتْذة و قالوا: "أه وافِقْنا."

أسيل بدأِت تِفْقِد أعْصابْها و كانِت هتِرْدّ، لكِن علي مِسِك إديْها و بِلُغِةْ الإشارة طلب مِنْها تِهْدا و قال لِلأساتْذة: "أنا آسِف، أخدْت مِن وَقْتْكو."

و خرج معَ أسيل برّه. قعدوا في كافيتِرْيا الأوْپِرا. علي كان مِتْوقِّع إنّ ده اللي هَيِحْصل و فِعْلاً حصل.

"إزّاي يا علي ده يِحْصل و أنا مِفهِّماهُم!" صوْت أسيل مِتْعصّبة و مِتْضايْقة.

"It's clear you're deaf. How can you come here to play music when you're deaf?"

The moment Aseel heard Mr. Adel say that, she rushed in and said, "Mr. Adel, with all due respect to you and all the professors, I told you Ali can't hear. But his playing is very good and wonderful. I just asked that you listen to him and give him a chance."

"Listen to what? He's deaf. How's he going to play?" said the same professor who spoke earlier.

"Yes, Professor Rana, but I didn't hide anything from you—and you agreed to listen to him!" Aseel replied.

The professors laughed and said, "Yeah, we agreed."

Aseel started to lose her temper and was about to respond, but Ali held her hand and, in sign language, asked her to calm down and told the professors, "I'm sorry for taking up your time."

He left with Aseel. They sat in the Opera cafeteria. Ali had expected this to happen—and it did.

"How could this happen, Ali, when I explained everything to them!" Aseel said, upset and frustrated.

علي ضِحِك. "عادي يا أسيل، كانوا عايْزين حدّ يِضْحكوا عليْه[1] شُوَيّة."

"إنْتَ بِتْهزّر يا علي؟!"

علي اِتْعوِّد على كلام النّاس و طريقة اِسْتِخْفافْهُم بيه. "لأ يا أسيل بسّ عايْزِك تِهْدي."

"مِش هَهْدا. دي إسْمها وَقاحة!"

"معْلِشّ، متزْعليش."

أسيل بصِّت لِعلي و فكّرِت إنّها هِيَّ اللي المفْروض متْخلّيهوش يِزْعل و تِكون هادْيَة عشانُه.

"آسْفة يا علي."

علي اِبْتسم. "على أيْه بسّ؟ إنْتي معملْتيش حاجة."

"على عصبِيِّتي و اللي حصل مِن الأساتْذة."

"حصل خيْر، معْلِشّ. أكيد في يوْم فُرْصِتي هتْجيلي لِحدّ عنْدي."

علي عزم أسيل على قهْوَة و قعدوا يِتْكلِّموا في اللي مُمْكِن يِعْمِلوه بعْد اللي حصل، و إذا كان فيه فُرص تانْيَة مُمْكِن علي يِقدِّم فيها.

[16:34]

Ali laughed. "It's fine, Aseel. They just wanted someone to laugh at for a bit."

"Are you joking, Ali?!"

Ali was used to people's words and the way they made light of him. "No, Aseel. I just want you to calm down."

"I won't calm down. This is what you call rudeness!"

"It's okay. Don't be upset."

Aseel looked at Ali and thought that she was the one who should be keeping him from getting upset and staying calm for his sake.

"I'm sorry, Ali."

Ali smiled. "Sorry for what? You didn't do anything."

"For getting angry—and for what happened with the professors."

"It's okay. Maybe one day, my opportunity will come to me."

Ali treated Aseel to coffee, and they sat and talked about what they could do after what happened, and whether there were other opportunities Ali could apply for.

---

[1] ضِحِك (يِضْحَك) to laugh; على + to laugh at, make fun of

في يوْم العرْض:

"ماما يَلّا بينا عشان منتِأخّرْش."

علي قرّر يِروح العرْض عشان أسيل و عشان بِيْحِبّ يِشوفْها و هِيَّ بِتِعْزِف. في نفْس الوَقْت قرّر إنّ بعْد العرْض يِقول لِأسيل إنُّه بِيْحِبّها و يِعْترِفْلها بمِشاعْرُه مِن ناحْيِتْها و إنُّه عايِز يِتْجوِّزْها.

مِن سنتيْن مِن وَقْت الحادْثة و علي قرّر يِلاقي حاجة تِخرّجُه مِن الاِكْتِآب و الاِسْتِسْلام و إنُّه يِكْتِب. و عِرِف ساعِتْها إنّ الكِتابة مِش بسّ هِوايَة، دي كمان شُغْل يِجيب مِنُّه فِلوس. لمّا خِسِر شُغْلُه كعازِف قرّر يِشْتغل في الكِتابة و يِحِسّ إنُّه إنْسان طبيعي زيّ أيّ حدّ. و في نفْس الوَقْت يِدرّب و يمرّن نفْسُه في العزْف على أمل تيجي الفُرْصة اللي هُوَّ مِسْتنّيها. كُلّ ده مكانْش هَيِحْصل لوْلا مامْتُه و أسيل و وَقْفِتْهُم جنْبُه.

"يَلّا بينا." حركِةْ إيد مامْتُه قطعِت أفْكارْه.

"يَلّا يا ماما."

"هتسوق وَلّا أنا أسوق يا علي؟"

مِن يوْم الحادْثة و علي مِش بِيْسوق إلّا في آخِر كام شهْر.

[17:44]

✧ ✧ ✧

On the day of the show:

"Mom, let's go so we're not late."

Ali decided to go to the concert—for Aseel, and because he loved seeing her play. At the same time, he decided that after the concert, he would tell Aseel that he loved her and confess his feelings to her—and that he wanted to marry her.

Two years had passed since the accident, and Ali had made the decision to find something to pull him out of depression and surrender—so he started writing. He realized then that writing wasn't just a hobby, but also a job he could make money from. When he lost his job as a musician, he chose to pursue writing and feel like a normal person again, just like anyone else. At the same time, he kept training and practicing piano, hoping the opportunity he'd been waiting for would eventually come. None of that would've happened without his mother and Aseel and their support.

"Let's go." His mother's hand gesture snapped him out of his thoughts.

"Let's go, Mom."

"Are you driving or am I, Ali?"

Since the accident, Ali hadn't driven until the last few months.

"أنا هسوق يا ماما."

"تمام."

❖ ❖ ❖

في صالةْ العرْض:

"علي متزِعْلْش عشان إنْتَ مِش هتِعْزِف أكيد في يوْم فُرْصِتك هتيجي لِحدّ عنْدك."

"أنا مِش زعْلان يا ماما. يمْكِن في الأوِّل كُنْت بتضايِق بسّ بعْد كِده اِتْعوِّدْت."

النّاس بدأِت تِبُصّ على علي و مامْته و إنُّهْم بيِتْكلِّموا بلُغِةْ الإشارة و بدأوا يِكلِّموا إنّ إزّاي واحِد مِش بيِسْمع يِحْضر حفْل موسيقي.

علي و مامْته بدأوا يِلاحْظوا إنّ النّاس بِتبُصّ عليْهُم و بِتْكلِّم. كانِت الأُمّ هتْكلِّم لكِن علي وَقّفْها و طلب مِنْها مترْدِّش على حدّ.

❖ ❖ ❖

وَرا السِّتار:

الأُسْتاذ عادِل مِتْعصّب. "يَعْني أيْه مِش مَوْجود؟"

"مِش عارْفة يا أسْتاذ هُوَّ فيْن و مِش بِيرُدّ على الموبايْل."

[19:16]

"I'll drive, Mom."

"Okay."

✧   ✧   ✧

In the concert hall:

"Ali, don't be upset that you're not performing. One day, your chance will come to you."

"I'm not upset, Mom. Maybe at first I was hurt, but after that, I got used to it."

People started looking at Ali and his mom, seeing them communicating in sign language, and began whispering: how could someone who can't hear attend a music concert?

Ali and his mother started to notice people looking at them and talking. His mother was about to say something, but Ali stopped her and asked her not to respond to anyone.

✧   ✧   ✧

Behind the curtain:

Mr. Adel was upset. "What do you mean he's not here?"

"I don't know, sir. I don't know where he is, and he's not answering his phone."

"مِش فاهِم إزّاي يوْم مُهِمّ زيّ ده و عازِف البِيانو يِتْأخّر و مِش بيِرُدّ على موبايْلُه!"

أسيل جِهْزِت و وِقْفِت وَرا السِّتار و كُلّ العازْفين جِهْزوا. أسيل سِمْعِت مُساعْدِةْ الأُسْتاذ عادِل بِتِتْكلِّم في الموبايْل:

"إنْتَ فيْن؟"

"أنا آسِف، إبْني مِش هَيِقْدر ييجي."

"حضْرِتك باباه؟"

"أَيْوَه."

"ليْه مِش هَييجي؟ ده الحفْل هَيِبْدأ."

"حصل حادْثة و دخلْنا المُسْتشْفى، بسّ الحمْدُ لِلّه كُلِّنا بِخيْر، بسّ لازِم نِفْضل ٢٤ ساعة في المُسْتشْفى."

"ألْف سلامة. مفيش أمل إنُّه يِقْدر ييجي؟"

"مَيِنْفعْش يا بِنْتي."

"شُكْراً لِحضْرِتك."

البِنْت قفلِت و راحِت لأُسْتاذ عادِل: "أُسْتاذ، الوَلد حصلُّه حادْثة معَ أهْلُه، في المُسْتشْفى."

[20:25]

"I don't understand how, on such an important day, the pianist is late and not answering his phone!"

Aseel was ready and standing behind the curtain, along with all the other performers. She overheard Mr. Adel's assistant speaking on the phone:

"Where are you?"

"I'm sorry. My son won't be able to come."

"Are you his father?"

"Yes."

"Why won't he come? The concert is about to begin."

"There was an accident and we went to the hospital, but thank God we're all fine. We just have to stay for 24 hours."

"Wishing you all a speedy recovery. Is there no chance he can still come?"

"It's not possible, dear."

"Thank you, sir."

The assistant ended the call and went to Mr. Adel: "Sir, the boy had an accident with his family. He's in the hospital."

"نِعْمِل أيْه دِلْوَقْتي و مفيش وَلا عازِف بِيانو بديل مَوْجود دِلْوَقْتي!"

أسيل سِمْعِت و قرّرِت تاخُد الفُرْصة و تِكلِّم: "أُسْتاذ..."

"أسيل، مِش وَقْتُه. إحْنا فيه مُشْكِلة."

"اِسْمعْني بسّ يا أُسْتاذ."

"قوليّ يا أسيل، فيه أيْه؟"

"علي مُمْكِن يِعْزِف."

"إنْتي اِتْجنِّنْتي يا أسيل؟ أصمّ هَيِعْزِف إزّاي؟!"

"علي مَوْهوب و بِيِعْزِف حِلْو جِدّاً و مِتْدرّب و عارِف اللي هنِعْزِفُه في الحفْلة. إدّيلُه بسّ الفُرْصة."

"مبْيِسْمعْش يا أسيل."

"بسّ بِيْحِسّ و بِيْشوف."

"مِش فاهِم!"

"هَيْشوف المايْسْترو و النّوْتة و هَيْحِسّ الموسيقى. علي فقد السّمْع لكِن بِيْحِسّ بِالموسيقى خاصّةً لَوْ عالْيَة على وِدْنُه."

"إحْنا مِش فيلْم يا أسيل. ده كلام مجانين[1]!"

"What do we do now? There's no backup pianist available!"

Aseel overheard and decided to speak up: "Sir…"

"Aseel, now is not the time. We have a problem."

"Just hear me out, sir."

"Okay, Aseel. What is it?"

"Ali can play."

"Are you crazy, Aseel? A deaf person? How is he going to play?!"

"Ali is talented, he plays beautifully, he's trained, and he knows the program we're performing tonight. Just give him a chance."

"But he can't hear, Aseel."

"But he feels it—and he sees it."

"I don't understand!"

"He'll watch the conductor and follow the sheet music. Ali lost his hearing, but he can feel the music—especially when it's loud and close to his ears."

"This isn't a movie, Aseel. That's crazy talk!"

---

[1] كلام مجانين lit. speech of madmen (crazy people)

"يا أُسْتاذ عادِل لمّا جيْت لحضْرِتك عشان تِدّيله فُرْصة، اِتّرْيَقْت عليْه. و دِلْوَقْتي الفُرْصة جت و مفيش حلّ غيْر إنّ علي يِعْزِف و هثْبِتْلك إنّك غلْطان."

أُسْتاذ عادِل فِضِل رايِح جايّ و يِفكّر. قرّر إنُّه يِوافِق لإِنّ مفيش حلّ غيْر كِده و مفيش بديل غيْر علي.

أسيل كتبِت لِعلي و طلبِت بِيِجيلْها وَرا السِّتار في أوْضِةْ العازْفين. علي راح لأِسيل و سألْها فيه أيْه؟

"كُوَيِّس، لابِس بدْلة."

علي ضِحِك: "إحْنا في الأوْپِرا يا أسيل، اللِّبْس لازِم يِكون رسْمي."

"ماشي، المُهِمّ دِلْوَقْتي إنّك هتِعْزِف."

علي فِضِل مِبرّق.

"علي أنا بكلِّم بِجدّ. إنْتَ هتِعْزِف لإِنّ عازِف البِيانو مجاش فا إنْتَ هتِدْخُل مكانُه يَعْني يا علي أخيراً فُرْصِتك جت."

أسيل اِبْتسمِت لِعلي و كمِّلِت: "متْفكّرْش كِتير و يَلّا بينا!"

[22:39]

"Mr. Adel, when I came to you asking for a chance for him, you mocked him. Now the opportunity has come, and there's no solution except for Ali to play—and I'll prove to you that you were wrong."

Mr. Adel paced back and forth, thinking. He decided to agree because there was no other choice and no other pianist available.

Aseel wrote to Ali and asked him to come to her behind the curtain in the musicians' room. Ali went to her and asked what was going on.

"Good, you're wearing a suit."

Ali laughed, "We're at the Opera, Aseel—formal wear is a must."

"Okay, the important thing now is that you're going to play."

Ali stared in disbelief.

"Ali, I'm serious. You're going to play because the pianist didn't show up—so you're taking his place. Ali, your chance has finally come."

Aseel smiled at Ali and continued, "Don't overthink it—let's go!"

علي اِبْتسم و أسيل مِسْكِت إيدُه و بدأِت السِّتار تِتْفِتِح و العازْفين في مكانْهُم و علي على البِيانو. مامْتُه كانِت قلقِت لمّا مرجِعْش لكِن شافِتُه على البِيانو و هُوَّ بصِّلْها و اِبْتسمِت و عيْنيْها ملْيانة بِالدُّموع مِن الفرْحة.

بدأ الحفْل و العزْف بِالبِيانو و التْشيْلو سَوا. الأُسْتاذ عادِل اِسْتغْرب و جنْبُه كان قاعِد مُنْتِج موسيقي مشْهور عالمِيّاً عجبُه عازِف البِيانو و التْشيْلو جِدّاً.

❖ ❖ ❖

بعْد العرْض، النّاس خرجِت مبْسوطة مِن الحفْلة و مامِةْ علي و أسيل جِرْيوا عليْه. و لمّا خرجوا، قرّب مِنْهُم الأُستاذ عادِل و معاه المُنْتِج المشْهور.

"مكُنْتِش مُتصوِّر إنيّ أسْمع عزْف البِيانو حِلْو كِده. آسِف يا علي إنيّ ضِحِكْت و اِسْتخْفيْت بمَوْهِبْتك عشان إنْتَ أصمّ."

المُنْتِج اِسْتغْرب و سأل بِلُغِةْ الإشارة: "إنْتَ أصمّ؟"

أسيل، علي و مامْتُه و حتّى الأُسْتاذ عادِل اِسْتغْربوا إنّ المُنْتِج بِيِعْرف لُغِةْ الإشارة و علي ردّ: "أه."

"مِش مُمْكِن! رائِع جِدّاً! هايِل إنّك بِرغْم ده بِتِعْزِف حِلْو جِداً."

أحْلام صامْتة | 38

[23:57]

Ali smiled, and Aseel grabbed his hand. The curtain began to rise. The musicians were in their places, and Ali sat at the piano. His mother had been worried when he didn't come back, but when she saw him at the piano, he looked at her, and she smiled, her eyes filled with tears of joy.

The concert began, and the piano and cello played together. Mr. Adel was surprised, and sitting next to him was a world-famous music producer who was deeply impressed by the pianist and cellist.

❖   ❖   ❖

After the concert, the audience left delighted. Ali's mother and Aseel ran to him. As they gathered, Mr. Adel approached with the famous producer.

"I never imagined I'd hear piano playing that beautiful. I'm sorry, Ali, for laughing and underestimating your talent just because you're deaf."

The producer was surprised and asked in sign language, "You're deaf?"

Aseel, Ali, his mother—even Mr. Adel—were surprised the producer knew sign language. Ali replied, "Yes."

"Unbelievable! Absolutely incredible! It's amazing how well you play despite that."

"شُكْراً جِدّاً لِحضْرِتك."

"أيْه رأْيَك تِكون معايا؟"

"فيْن؟"

"أنا مُنْتِج موسيقي و مِكوِّن مجْموعِةْ عازْفين و بِنْلِف العالم و نِعْزِف في حفلات. و بعْرِض عليْك تِكون معانا لإِنّك مَوْهوب بِرغْم إنّك أصمّ لكِن هايِل و عزْفك رائع."

"بِجدّ؟" علي مِش مِصدّق.

"أه بِجدّ و لَوْ مكُنْتِش عازِف مَوْهوب مكُنْتِش عرضْت العرْض ده. ها أيْه رأْيَك؟"

علي بصّ لِمامْتُه و أسيل و اِبْتسموا إنُّهُم مِوافْقين. علي وافِق على عرْض المُنْتِج. بصّ المُنْتِج لِأسيل و قال: "إنْتي عازْفِةْ التْشيْلو، صحّ؟"

"أه..."

"أنا عايْزِك معانا برْضُه."

أسيل و علي فِرْحوا جِدّاً و وافْقوا على عرْض المُنْتِج.

[25:31]

"Thank you so much, sir."

"What do you think about joining me?"

"Where?"

"I'm a music producer, and I'm putting together a group of musicians. We travel the world and perform in concerts. I'm offering you a spot because you're talented. Even though you're deaf, you're amazing, and your playing is incredible."

"Really?" Ali couldn't believe it.

"Yes, really. If you weren't talented, I wouldn't be making this offer. So, what do you think?"

Ali looked at his mom and Aseel, and they smiled, showing their support. Ali accepted the producer's offer. The producer looked at Aseel and said, "You're the cellist, right?"

"Yes..."

"I want you to join us too."

Aseel and Ali were overjoyed and accepted the producer's offer.

❖ ❖ ❖

بعْد ساعة:

"أسيل..." علي بِيْكلِّم أسيل بِلُغِةْ الإشارة.

"أَيْوَه يا علي؟"

"عايِز أقولِّك حاجة!"

"أيْه؟"

علي مِسِك إيد أسيل بِإيد و إيدُه التّانْيَة بِلُغِةْ الإشارة: "أنا بحِبِّك..."

أسيل فِضْلِت ساكْتة شُوَيّة مِش مِصدّقة و علي خايِف و مِسْتنّي ردّها لِحدّ ما اِبْتسمِت و عيْنيْها دمّعِت مِن الفرْحة.

"أنا مِسْتنّية الكِلْمة دي مِن زمان يا علي و أنا كمان بحِبّك جِداً."

علي فِرِح و ضِحْكوا هُمّا الاِتْنيْن مبْسوطين بِالفُرْصة اللي جتْلُهُم و بِحُبُّهُم لِبعْض.

[26:35]

❖   ❖   ❖

An hour later:

"Aseel…" Ali signed to Aseel.

"Yes, Ali?"

"I want to tell you something!"

"What?"

Ali held Aseel's hand, and with his other hand, he signed: "I love you…"

Aseel was silent for a moment, stunned, and Ali waited nervously for her response—until she smiled, her eyes filling with joyful tears.

"I've been waiting to hear those words for so long, Ali. I love you too—so much."

Ali was overjoyed, and they both laughed, happy about the opportunity that had come their way and the love they shared.

Arabic Text without Tashkeel

For a more authentic reading challenge, read the story without the aid of diacritics (tashkeel) and the parallel English translation.

من سنتين:

"علي، إنت هتنزل؟"

"أه يا ماما، ما إنتي عارفة فيه حفلة و هروح أعزف فيها."

"أيوه بس الجو صعب و الواضح المطرة هتكون جامدة. بلاش تسوق في الجو ده."

"ماما إنتي عارفة لازم أروح الحفلة. مينفعش مروحش."

"يابني بس..."

"ماما متقلقيش. كل حاجة هتكون تمام إن شاء الله."

"طيب، إنت مصمم هعملك أيه؟ ربنا يكرمك و يسرلك طريقك."

"ربنا يخليكي ليا يا أحلى أم في الدنيا!"

علي باس إيد مامته و نزل، ركب العربية و مشي. الجو برد جدا. بدأت تمطر جامد و بدأت عاصفة تهب و الدنيا بالليل حوالي الساعة ستة لكن كانت الدنيا كإنها نص الليل.

علي بدأ يقلق و هو على طريق سريع. قرر يقف شوية لحد ما يهدا الجو. شاف بنزينة فيها ماركت و قرر يقف عندها لكن و هو بيحاول يسوق ليها المطر بقى أجمد بكتير و العاصفة شديدة جدا.

في لمح البصر كله اتغير. مفيش صوت ولا إحساس بأي شيء. لحظة هدوء، لحظة فرقت كتير و غيرت أكتر. هي بس لحظة عربيتين اتقلبوا على الطريق و اتغيرت حياة شخصين.

❖ ❖ ❖

بعد شهر:

"يعني أيه يا دكتور؟" الأم بتعيط.

"آسف لكن الحادثة أثرت على السمع و سببت ضعف."

"يعني إبني مش هيسمع تاني؟"

"للأسف…"

"يعني أيه؟ الطب مش اتقدم و بقينا في عصر فيه تكنولوجيا و عمليات متقدمة و حاجات كتير أحسن من زمن فات؟"

"يا مدام، أنا مقدر الحالة اللي حضرتك فيها بس دي مش هينفع فيها عملية."

"مفيش حاجة إسمها مينفعش، أرجوك يا دكتور شوف حل، اتصرف!"

مقدرتش تمسك أعصابها و نفسها و وقعت على الأرض و أغمى عليها. الدكتور أخدها و فوقها و إداها مهدئ عشان تهدا و تستوعب اللي حصل.

❖ ❖ ❖

اليوم اللي بعده:

علي خرج من المستشفى مع مامته و شايف دموع مامته لكن مش قادر يتكلم ولا يواسيها لإنه مش قادر يسمعها ولا يسمع صوته. لحظة غيرت كل حاجة في حياته و حياة مامته.

بعد تلات شهور:

علي بقى بيعرف يتكلم لغة الإشارة بعد ما مامته قررت تتعلم هي و هو، و قررت إن مينفعش تضعف عشان لازم تقوي إبنها و تخليه يكمل حياته طبيعي.

"ماما، أنا مبقيتش طبيعي!"

بلغة إشارة علي بيحاول يفهم مامته إنه مبقاش ينفع يكمل حياته. و هيكملها إزاي و هو مبقاش بيعمل أكتر حاجة بيحبها في حياته و هي عزف البيانو؟ علي من هو صغير و البيانو مش بيفارقه. الموسيقى حياته و عشقه. لكن بعد ما بقى مش بيسمع فقد الأمل في كل شيء و فقد الثقة في نفسه و حياته.

الأم بتحاول تخليه يقوم من الاكتآب اللي دخل فيه و بتحاول تلاقي أي حاجة يعملها عشان ترجعله حياته.

"لأ هتبقى طبيعي و أحسن كمان."

علي دخل أوضته و قفل الباب على نفسه و فتح الموبايل بتاعه. دخل على الموسيقى و فتح واحدة. مش سامع حاجة و بيعيط. حط السماعات في ودنه لكن مفيش حاجة ولا صوت. شال السماعات من ودانه و شالها من الموبايل و ساب الأغنية شغالة و حط الموبايل على المكتب. و مجرد ما حط إيده على المكتب بدأ يحس بحاجة غريبة. حاجة من الموبايل لإيده لعقله و حواسه. قفل الأغنية و حط إيده، محسش بحاجة. فتحها تاني و حط إيده، رجع الإحساس!

إحساس غريب... و كإن الأغنية عايزة توصله و كإنه شايف الموسيقى قدامه. مش سامعها لكن شايفها. بدأ يعزف و يتعلم و يقرا لحد ما عرف طريقة يتواصل بيها مع الموسيقى عشان يرجع يعزف.

تفوت الأيام و الشهور و مامته بدأت تفرح لإن إبنها بترجعله حياته و إنه رجع يضحك و يتعامل مع الوضع على إنه وضع طبيعي... و الكلام بلغة الإشارة كإنه كلام عادي و مسموع.

الوقت الحالي:

"رجعت بدري ليه يا علي؟"

علي قعد على الكرسي و فضل ساكت شوية.

"فيه أيه يا علي؟"

"مرضيوش يدخلوني."

"ليه؟"

"عشان مبسمعش فا إزاي هعزف؟"

"مش المفروض كانوا سمعوك الأول قبل ما يحكموا؟!"

"ده إنتي بس يا ماما اللي بتقولي كده، بس الدنيا بره بتحكم على طول."

"أيوه بس إنت بتعزف حلو أوي!"

علي ابتسم و قام باس راس مامته و دخل أوضته. من يوم لما بدأ يرجع يعزف و هو بيحاول ينزل يعزف في حفلات و يحاول يخلي الناس تفهم إنه لسه بيعزف لكن الناس حكمها كان أسرع من قبل ما تسمع و تشوف.

اللي فات كان حكاية و اللي جاي حكاية تانية. حكاية بتحكم على راجل بإنه يفضل معاق عشان الناس رافضين. إزاي واحد مش بيسمع بيعرف يعزف و يعمل موسيقى؟ إزاي يدوله فرصة و المفروض السمع أهم حاجة في الموسيقى؟

مفيش حد وقف جنبه إلا مامته و صديقة عمره.

الجرس بيرن. الأم قامت تفتح الباب.

"أسيل، إزيك؟"

"أنا تمام يا طنط و حضرتك؟"

"تمام الحمد لله. عايزة علي؟"

"أه، جيت عشان أشوفه و أعرف عمل أيه في التقديم."

"هو جه من ساعة."

"ساعة؟! ليه؟"

"مقبلوش يدخلوه!"

"إزاي يعني؟"

"عشان مش بيسمع..."

"مش يسمعوه هما الأول قبل ما يحكموا عليه؟"

"نفس اللي قلته يا بنتي بس علي رد بإن ده الطبيعي عشان السمع أهم حاجة في الموسيقى."

"ممكن تقوليله إني جيت يا طنط؟ عايزة أتكلم معاه."

أسيل اتعلمت لغة الإشارة هي كمان. تعرف علي من هما في حضانة. مع بعض من ساعتها أصحاب جدا و بيحبوا بعض أوي. أسيل بتحب علي لكن ولا مرة فكرت تقوله و لما حصلت الحادثة وقفت مع مامته و اتعلمت لغة الإشارة و ساعدته لما عرفت إنه عايز يرجع للعزف. و صدقت إنه يقدر يرجع للعزف و إنه في يوم هيكون عازف مشهور زي ما هو بيحلم.

علي خرج من الأوضة و لما شاف أسيل جري عليها زي الطفل، هو كمان بيحبها بس برضه خايف يقولها عشان ميخسرش صداقتها.

"عامل أيه يا علي؟"

"كويس الحمد لله و إنتي؟"

"تمام الحمد لله. طنط حكتلي اللي حصل."

علي ضحك: "طبعا هي تقدر تستنى لما أحكي أنا؟"

أسيل و مامته ضحكوا.

"هقوم أعملكو حاجة تشربوها. و يا ريت يا أسيل تستني لإن الغدا بيخلص." الأم قامت قبل ما أسيل تقدر ترد.

"علي..." أسيل اتكلمت بلغة الإشارة.

علي بص لأسيل.

"فيه عرض في الأوپرا و بيدوروا على مواهب جديدة!"

"الأوپرا يا أسيل؟ صعب!"

"ليه بس؟"

"الأوپرا دي أقوى حاجة في العالم و في مصر. عشان أعزف فيها لازم أعدي الاختبارات و يوافقوا. هما مش هيدخلوني من الباب أصلا مجرد ما يعرفوا إني مبسمعش."

"افهمني بس، سيبني أكملك. العرض ده بيتجهزله بقاله شهور و محتاجين مواهب جديدة. أنا هدخلك لأنهم قبلوني."

أسيل بتعزف على آلة التشيلو و دخلت معهد الموسيقى مع علي.

"مبروك يا أسيل."

"ها... أيه رأيك؟"

"صعب أوي يا أسيل!"

"صعب بس مش مستحيل يا علي."

"إزاي هتخليهم يسمعوني؟ إزاي؟"

"سيبها عليا دي. المهم أتمرن كويس و كل حاجة هتبقى تمام إن شاء الله."

الأم خرجت بصنية عليها قهوة إسپريسو دبل باللبن زي ما بيحبوها علي و أسيل . "اتفضلوا القهوة."

أسيل أخدت كوبايتها. تسلم إيدك يا طنط، أحلى إسپريسو!"

"هتتغدي معانا؟"

"خليها مرة تانية يا طنط."

"مينفعش، لازم تتغدي."

علي بص لأسيل و طلب منها تقعد تتغدى معاهم.

"حتى علي بيقولك تتغدي معانا."

"تمام خلاص، هتصل بيهم في البيت عشان أعرفهم إني هتأخر."

"تمام و سلميلي على بابا و ماما."

"حاضر يا طنط، يوصل."

بعد الغدا أسيل مشيت و علي دخل أوضته و بدأ يدور و يقرا عن العرض اللي أسيل قالتله عليه، شاف إن دي فرصة كويسة ليه لكن فضل السؤال يدور في راسه: هيقبلوا يسمعوه ولا هيرفضوه زي اللي قبلهم؟

❖ ❖ ❖

بعد يومين:

"أسيل إنتي متأكدة هيسمعوا عزفي؟"

"أيوه يا علي، المهم ركز و أعزف حلو."

إنك تكون مبتسمعش و بتحب الموسيقى حاجة و إنك متسمعش و تعزف حاجة تانية خالص. أسيل عرفت عن العرض من الأوپرا و الإنترنت و قررت تقدم فيه. فضلت مترددة فترة تقول لعلي ولا لأ لحد ما قررت تقوله و كمان تكلم واحد من الحكام اللي هيسمعوا العازفين و كان بيديها درس في الأوپرا.

"إزيك يا أسيل؟"

"أستاذ عادل، أنا الحمد لله تمام و حضرتك؟"

"الحمد لله كويس."

"أستاذ عادل فاكر؟ أنا كلمت حضرتك عن صديق و زميل ليا بيعزف بيانو."

"أه فاكر إنك قلتيلي إنك مش بيسمع، صح؟"

أه، هو جه عشان تسمع عزفه حضرتك و كل الأساتذة.

"تمام، ادخلوا الصالة و خليه يستنى دوره."

"تمام يا أستاذ، شكرا جدا."

أسيل مشيت و راحت لعلي ."علي، هندخل و نستنى دورك لما ييجي."

لما الدور جه نادوا على علي و دخل. وقف علي قدام الأساتذة و بدأوا يتكلموا معاه. و برغم إن أسيل قالت للأستاذ عادل إن علي مش بيسمع فضلوا يتكلموا.

"إنت مش سامعنا يابني؟" صوت واحدة من الأساتذة.

أسيل سمعتهم من ورا الستار و علي حاول يفهمهم إنه مش بيسمع و إنه بيتكلم لغة الإشارة.

"الواضح إنك أصم. إزاي جاي تعزف و إنت أصم؟"

أسيل أول ما سمعت الأستاذ عادل بيقول كده دخلت بسرعة و قالت :"أستاذ عادل مع احترامي ليك و لكل الأساتذة، أنا بلغت حضرتك إن علي مش بيسمع لكن عزفه حلو جدا و رائع و طلبت بس تسمعوه و تدوله فرصة."

"نسمع أيه؟ ده واحد أصم. هيعزف إزاي؟" صوت نفس الأستاذة اللي اتكلمت قبل كده.

"أيوه يا أستاذة رنا، بس أنا مخبيتش عليكو و إنتو وافقتوا تسمعوه!" أسيل ردت.

ضحك الأساتذة و قالوا :"أه وافقنا."

أسيل بدأت تفقد أعصابها و كانت هترد، لكن علي مسك إديها و بلغة الإشارة طلب منها تهدا و قال للأساتذة :"أنا آسف، أخدت من وقتكو."

و خرج مع أسيل بره. قعدوا في كافيتريا الأوبرا. علي كان متوقع إن ده اللي هيحصل و فعلا حصل.

"إزاي يا علي ده يحصل و أنا مفهماهم!" صوت أسيل متعصبة و متضايقة.

علي ضحك ."عادي يا أسيل، كانوا عايزين حد يضحكوا عليه شوية."

"إنت بتهزر يا علي؟!"

علي اتعود على كلام الناس و طريقة استخفافهم بيه ."لأ يا أسيل بس عايزك تهدي."

"مش ههدا. دي إسمها وقاحة!"

"معلش، متزعليش."

أسيل بصت لعلي و فكرت إنها هي اللي المفروض متخليهوش يزعل و تكون هادية عشانه.

"آسفة يا علي."

علي ابتسم ."على أيه بس؟ إنتي معملتيش حاجة."

"على عصبيتي و اللي حصل من الأساتذة."

"حصل خير، معلش. أكيد في يوم فرصتي هتجيلي لحد عندي."

علي عزم أسيل على قهوة و قعدوا يتكلموا في اللي ممكن يعملوه بعد اللي حصل، و إذا كان فيه فرص تانية ممكن علي يقدم فيها.

في يوم العرض:

"ماما يلا بينا عشان منتأخرش."

علي قرر يروح العرض عشان أسيل و عشان بيحب يشوفها و هي بتعزف. في نفس الوقت قرر إن بعد العرض يقول لأسيل إنه بيحبها و يعترفلها بمشاعره من ناحيتها و إنه عايز يتجوزها.

من سنتين من وقت الحادثة و علي قرر يلاقي حاجة تخرجه من الاكتآب و الاستسلام و إنه يكتب. و عرف ساعتها إن الكتابة مش بس هواية، دي كمان شغل يجيب منه فلوس. لما خسر شغله كعازف قرر يشتغل في الكتابة و يحس إنه إنسان طبيعي زي أي حد. و في نفس الوقت يدرب و يمرن نفسه في العزف على أمل تيجي الفرصة اللي هو مستنيها. كل ده مكانش هيحصل لولا مامته و أسيل و وقفتهم جنبه.

"يلا بينا." حركة إيد مامته قطعت أفكاره.

"يلا يا ماما."

"هتسوق ولا أنا أسوق يا علي؟"

من يوم الحادثة و علي مش بيسوق إلا في آخر كام شهر.

"أنا هسوق يا ماما."

"تمام."

في صالة العرض:

"علي متزعلش عشان إنت مش هتعزف أكيد في يوم فرصتك هتيجي لحد عندك."

"أنا مش زعلان يا ماما. يمكن في الأول كنت بتضايق بس بعد كده اتعودت."

الناس بدأت تبص على علي و مامته و إنهم بيتكلموا بلغة الإشارة و بدأوا يكلموا إن إزاي واحد مش بيسمع يحضر حفل موسيقي.

علي و مامته بدأوا يلاحظوا إن الناس بتبص عليهم و بتكلم. كانت الأم هتكلم لكن علي وقفها و طلب منها متردش على حد.

ورا الستار:

الأستاذ عادل متعصب ."يعني أيه مش موجود؟"

"مش عارفة يا أستاذ هو فين و مش بيرد على الموبايل."

"مش فاهم إزاي يوم مهم زي ده و عازف البيانو يتأخر و مش بيرد على موبايله!"

أسيل جهزت و وقفت ورا الستار و كل العازفين جهزوا. أسيل سمعت مساعدة الأستاذ عادل بتتكلم في الموبايل:

"إنت فين؟"

"أنا آسف، إبني مش هيقدر ييجي."

"حضرتك باباه؟"

"أيوه."

"ليه مش هييجي؟ ده الحفل هيبدأ."

"حصل حادثة و دخلنا المستشفى، بس الحمد لله كلنا بخير، بس لازم نفضل ٢٤ ساعة في المستشفى."

"ألف سلامة. مفيش أمل إنه يقدر ييجي؟"

"مينفعش يا بنتي."

"شكرا لحضرتك."

البنت قفلت و راحت لأستاذ عادل :"أستاذ، الولد حصله حادثة مع أهله، في المستشفى."

"نعمل أيه دلوقتي و مفيش ولا عازف بيانو بديل موجود دلوقتي!"

أسيل سمعت و قررت تاخد الفرصة و تكلم :"أستاذ..."

"أسيل، مش وقته. إحنا فيه مشكلة."

"اسمعني بس يا أستاذ."

"قولي يا أسيل، فيه أيه؟"

"علي ممكن يعزف."

"إنتي اتجننتي يا أسيل؟ أصم هيعزف إزاي؟!"

"علي موهوب و بيعزف حلو جدا و متدرب و عارف اللي هنعزفه في الحفلة. إديله بس الفرصة."

"مبيسمعش يا أسيل."

"بس بيحس و بيشوف."

"مش فاهم!"

"هيشوف المايسترو و النوتة و هيحس الموسيقى. علي فقد السمع لكن بيحس بالموسيقى خاصة لو عالية على ودنه."

"إحنا مش فيلم يا أسيل. ده كلام مجانين!"

"يا أستاذ عادل لما جيت لحضرتك عشان تديله فرصة، اتريقت عليه. و دلوقتي الفرصة جت و مفيش حل غير إن علي يعزف و هثبتلك إنك غلطان."

أستاذ عادل فضل رايح جاي و يفكر. قرر إنه يوافق لإن مفيش حل غير كده و مفيش بديل غير علي.

أسيل كتبت لعلي و طلبت بييجيلها ورا الستار في أوضة العازفين. علي راح لأسيل و سألها فيه أيه؟

"كويس، لابس بدلة."

علي ضحك :"إحنا في الأوپرا يا أسيل، اللبس لازم يكون رسمي."

"ماشي، المهم دلوقتي إنك هتعزف."

علي فضل مبرق.

"علي أنا بكلم بجد. إنت هتعزف لإن عازف البيانو مجاش فا إنت هتدخل مكانه يعني يا علي أخيرا فرصتك جت."

أسيل ابتسمت لعلي و كملت :"متفكرش كتير و يلا بينا!"

علي ابتسم و أسيل مسكت إيده و بدأت الستار تتفتح و العازفين في مكانهم و علي على البيانو. مامته كانت قلقت لما مرجعش لكن شافته على البيانو و هو بصلها و ابتسمت و عينيها مليانة بالدموع من الفرحة.

بدأ الحفل و العزف بالبيانو و التشيلو سوا. الأستاذ عادل استغرب و جنبه كان قاعد منتج موسيقي مشهور عالميا عجبه عازف البيانو و التشيلو جدا.

❖ ❖ ❖

بعد العرض، الناس خرجت مبسوطة من الحفلة و مامة علي و أسيل جريوا عليه. و لما خرجوا، قرب منهم الأستاذ عادل و معاه المنتج المشهور.

"مكنتش متصور إني أسمع عزف البيانو حلو كده. آسف يا علي إني ضحكت و استخفيت بموهبتك عشان إنت أصم."

المنتج استغرب و سأل بلغة الإشارة :"إنت أصم؟"

أسيل، علي و مامته و حتى الأستاذ عادل استغربوا إن المنتج بيعرف لغة الإشارة و علي رد: "أه."

"مش ممكن! رائع جدا! هايل إنك برغم ده بتعزف حلو جدا."

"شكرا جدا لحضرتك."

"أيه رأيك تكون معايا؟"

"فين؟"

"أنا منتج موسيقي و مكون مجموعة عازفين و بنلف العالم و نعزف في حفلات. و بعرض عليك تكون معانا لإنك موهوب برغم إنك أصم لكن هايل و عزفك رائع."

"بجد؟" علي مش مصدق.

"أه بجد و لو مكنتش عازف موهوب مكنتش عرضت العرض ده. ها أيه رأيك؟"

علي بص لمامته و أسيل و ابتسموا إنهم موافقين. علي وافق على عرض المنتج. بص المنتج لأسيل و قال :"إنتي عازفة التشيلو، صح؟"

"أه...".

"أنا عايزك معانا برضه."

أسيل و علي فرحوا جدا و وافقوا على عرض المنتج.

❖   ❖   ❖

بعد ساعة:

"أسيل..." علي بيكلم أسيل بلغة الإشارة.

"أيوه يا علي؟"

"عايز أقولك حاجة!"

"أيه؟"

علي مسك إيد أسيل بإيد و إيده التانية بلغة الإشارة :"أنا بحبك..."

أسيل فضلت ساكتة شوية مش مصدقة و علي خايف و مستني ردها لحد ما ابتسمت و عينيها دمعت من الفرحة.

"أنا مستنية الكلمة دي من زمان يا علي و أنا كمان بحبك جدا."

علي فرح و ضحكوا هما الاتنين مبسوطين بالفرصة اللي جتلهم و بحبهم لبعض.

Comprehension Questions

1. ليْه مامِةْ علي كانِت خايْفة لمّا نزِل يِعْزِف في الحفْلة؟
2. أيْه اللي حصل في الحادْثة؟
3. أيْه تأْثير الحادْثة على سمْع علي؟
4. إزّاي علي اِكْتشف إنُّه بيْحِسّ بِالْموسيقى؟
5. أيْه كانِ ردّ فِعْل النّاس لمّا عِرْفوا إنُّه مبيِسْمعْش؟
6. مين ساعِد علي في الفترْة اللي بعْد الحادْثة؟
7. أيْه اللي ساعِد علي يِرْجع يِعْزِف تاني؟
8. ليْه أسيل اِتّصلِت بِالأُسْتاذ عادِل؟
9. أيْه اللي حصل في أوِّل مُقابْلة معَ الحُكّام في الأوْپِرا؟
10. إزّاي علي خد فُرْصِتْه في النِّهايَة؟
11. مين المُنْتِج اللي عرض على علي يِشْتغل معاه؟
12. أيْه علاقِةْ علي بِأسيل؟
13. إزّاي علي و مامْتُه اتْعلِّموا لُغِةْ الإشارة؟
14. أيْه الشُّغْل التّاني اللي علي اِشْتغلُه بعْد الحادْثة؟
15. ليْه علي كان خايِف يِقول لِأسيل إنُّه بيْحِبّها؟
16. أيْه كان رأْي الأُسْتاذ عادِل في علي في الأوّل؟
17. أيْه اللي خلّى الأُسْتاذ عادِل يِغيرّ رأْيُه؟
18. ليْه النّاس في الأوْپِرا كانوا مُسْتغْربين مِن وُجود علي؟
19. أسيل كان دوْرْها أيْه في حَياةْ علي؟
20. أيْه العرْض اللي قدّمُه المُنْتِج في النِّهايَة؟

1. Why was Ali's mother afraid when he went to perform at the concert?
2. What happened in the accident?
3. What was the effect of the accident on Ali's hearing?
4. How did Ali discover he could feel music?
5. How did people react when they learned he was deaf?
6. Who helped Ali during the period after the accident?
7. What enabled Ali to return to playing music?
8. Why did Aseel contact Professor Adel?
9. What happened in the first meeting with the judges at the opera?
10. How did Ali get his opportunity in the end?
11. Who was the producer who offered Ali work?
12. What was Ali's relationship with Aseel?
13. How did Ali and his mother learn sign language?
14. What other work did Ali do after the accident?
15. Why was Ali afraid to tell Aseel he loved her?
16. What was Professor Adel's initial opinion of Ali?
17. What made Professor Adel change his mind?
18. Why were people at the opera surprised by Ali's presence?
19. What was Aseel's role in Ali's life?
20. What offer did the producer make in the end?

Answers to the Comprehension Questions

1. عشان الجوّ كان وِحِش و مطّرِت جامِد.
2. علي كان سايِق و هِيَّ بِتْمطّر جامِد لمّا حصلِت الحادْثة و العربيِّتينْ اِتْقلبوا.
3. مبقاش يِسْمع أيّ حاجة خالِص.
4. حطّ إيدُه على المكْتب و كان في أُغْنية شغّالة على الموبايْل و حسّ بِالْفايْبريْشِن.
5. اِسْتغْربوا و كانوا مِش مِصدّقين إنُّه مُمْكِن يِعْزِف و هُوَّ مبْيِسْمعْش.
6. مامْتُه و أسيل وِقْفوا جنْبُه و ساعْدوه و اِتْعلّموا لُغِةْ الإشارة معاه.
7. اِكْتشف طريقة يِحِسّ بِالْموسيقى مِن خِلال الفايْبرْيْشِن و التّدريب المِسْتمِرّ.
8. عشان تِجيب لِعلي فُرْصة يِعْزِف في الأوْپرا و يِثْبِت مَوْهِبْتُه.
9. اِتّرْيَقوا عليْه و مرِضْيوش يِسْمعوه و هُوَّ بِيِعْزِف لإِنُّه مبْيِسْمعءش.
10. عازِف البيانو الأساسي مجاش و أسيل اِقْترحِت إنّ علي يِطْلع مكانُه.
11. كان فيه مُنْتج موسيقي عالمي كان قاعِد جنْب الأُسْتاذ عادِل و عارِف في لُغِةْ الإشارة.
12. كانوا أصْحاب مِن الحضانة و بِيْحِبّوا بعْض بسّ مكانوش عارْفين.
13. قرّروا يِتْعلّموا سَوا بعْد الحادْثة عشان يِساعْدوه يِتْواصل.
14. بدأ يِشْتغل في الكِتابة و كان بِيْجيب مِنْها فِلوس.
15. عشان كان خايِف يِخْسرْها.
16. كان بِيْترْيَق عليْه و مكانْش مِصدّق إنُّه بِيِعْرف يِعْزِف.
17. لمّا شاف عزْفُه الجامِد في الحفْلة و إنُّه مَوْهوب جِدّاً.
18. مكانوش مِصدّقين إنّ واحِد مبْيِسْمعْش مُمْكِن يِحْضر حفْلة موسيقي.
19. كانِت صاحْبِتُه و حبيبْتُه و ساعْدِتُه يِرْجع لِلْموسيقى.
20. عرض عليْه و على أسيل إنُّهُم يِسافْروا و يِعْزفوا في حفلات عالمية.

1. Because the weather was bad and it was raining heavily.
2. Ali was driving in heavy rain when an accident occurred and two cars overturned.
3. He lost his hearing completely and couldn't hear anything anymore.
4. He put his hand on the desk while his phone was playing music and felt the vibrations.
5. They were surprised and didn't believe he could play while being deaf.
6. His mother and Aseel stood by him and helped him, learning sign language with him.
7. He discovered a way to feel music through vibrations and continuous practice.
8. To get Ali an opportunity to perform at the opera and prove his talent.
9. They laughed at him and refused to hear him play because he was deaf.
10. The main pianist didn't show up and Aseel suggested Ali play in his place.
11. A world-renowned music producer who was sitting next to Professor Adel and knew sign language.
12. They were friends since kindergarten and loved each other but didn't know it.
13. They decided to learn together after the accident to help him communicate.
14. He started working in writing and earned money from it.
15. Because he was afraid of losing her friendship.
16. He mocked him and didn't believe he could play.
17. When he saw his amazing performance at the concert and that he was very talented.

18. They couldn't believe that a deaf person could attend a music concert.
19. She was his friend and love interest and helped him return to music.
20. He offered both him and Aseel to travel and perform in international concerts.

Summary

Read the scrambled summary of the story below. Write the correct number (1–10) in the blank next to each event to show the proper sequence.

___ علي كان عازِف بِيانو مَوْهوب و بِيْحِبّ الموسيقى.

___ رفضوه في الأوّل لكِنّ الظُّروف ساعْدِتُه.

___ اِكْتشف إنُّه بِيْحِسّ بِالْموسيقى.

___ اِتْعلِّم لُغِةْ الإشارة و بدأ يِكْتِب.

___ حصلِتْلُه حادْثة و مبقاش بِيِسْمع.

___ نجح في العرْض و المُنْتِج عرض عليْه شُغْل.

___ أسيل جابِتْلُه فُرْصة في الأوْپِرا.

___ دخل في حالِةْ اِكْتِئاب و يأْس.

___ اِعْترف لِأسيل إنُّه بِيْحِبّها و هِيَّ كمان حبِّتُه.

___ حاوِل يِرْجع لِلْعزْف لكِن النّاس رفضوه.

Key to the Summary

1 Ali was a talented pianist who loved music.

8 Initially rejected but circumstances helped him.

4 He discovered he could feel music.

5 He learned sign language and began writing.

2 He had an accident and lost his hearing.

9 He succeeded in the performance and the producer offered him work.

7 Aseel brought him an opportunity at the opera.

3 He fell into depression and despair.

10 He confessed his love to Aseel and she loved him too.

6 He tried to return to playing but people rejected him.

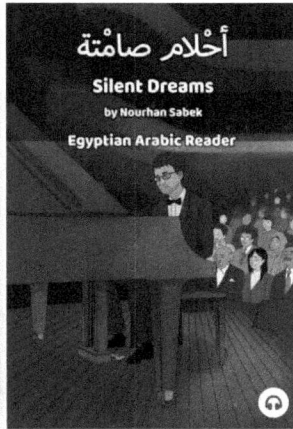

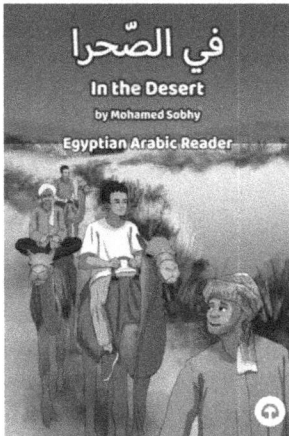

www.ingramcontent.com/pod-product-compliance
Lightning Source LLC
Chambersburg PA
CBHW072052040426
42447CB00012BB/3097
* 9 7 8 1 9 4 9 6 5 0 1 6 7 *